BEI GRIN MACHT SICH IHR WISSEN BEZAHLT

- Wir veröffentlichen Ihre Hausarbeit,
  Bachelor- und Masterarbeit

- Ihr eigenes eBook und Buch -
  weltweit in allen wichtigen Shops

- Verdienen Sie an jedem Verkauf

Jetzt bei www.GRIN.com hochladen
und kostenlos publizieren

Robin Materne

Probleme bei Kants Ableitung des Verbots von lügenhaften Versprechen

GRIN Verlag

Bibliografische Information der Deutschen Nationalbibliothek:

Die Deutsche Bibliothek verzeichnet diese Publikation in der Deutschen National-
bibliografie; detaillierte bibliografische Daten sind im Internet über http://dnb.d-
nb.de/ abrufbar.

Impressum:

Copyright © 2012 GRIN Verlag GmbH
Druck und Bindung: Books on Demand GmbH, Norderstedt Germany
ISBN: 978-3-656-47902-4

Dieses Buch bei GRIN:

http://www.grin.com/de/e-book/231641/probleme-bei-kants-ableitung-des-verbots-
von-luegenhaften-versprechen

GRIN - Your knowledge has value

Der GRIN Verlag publiziert seit 1998 wissenschaftliche Arbeiten von Studenten, Hochschullehrern und anderen Akademikern als eBook und gedrucktes Buch. Die Verlagswebsite www.grin.com ist die ideale Plattform zur Veröffentlichung von Hausarbeiten, Abschlussarbeiten, wissenschaftlichen Aufsätzen, Dissertationen und Fachbüchern.

Besuchen Sie uns im Internet:

http://www.grin.com/

http://www.facebook.com/grincom

http://www.twitter.com/grin_com

Robin Materne

Philosophie/ Geschichte LA (2/2)

Seminar: Einführung in die Praktische Philosophie

Sommersemester 2011

Essay V

„Was ist an Kants Ableitung des Verbots von lügenhaften Versprechen problematisch?"

„Versprochen ist versprochen und wird auch nicht gebrochen!", So oder so ähnlich geht ein Spruch, den man vor allem als Kind oft hört. Die Aussage dieses Spruches ist, wie unschwer zu erkennen ist, dass wenn man jemandem etwas versprochen hat, dieses Versprechen bindend ist und man daher nur Dinge versprechen sollte, die man gedenkt auch einzuhalten. "[...] ich soll niemals anders verfahren, als so, daß ich auch wollen könne, meine Maxime sollen ein allgemeines Gesetz werden."[1] dies ist eine Form des von Immanuel Kant aufgestellten kategorischen Imperativ.

Man kann diese beiden Sätze nun verbinden, sagen sie doch beide, dass ein einmal gegebenes Versprechen auch einzuhalten ist. Oder?

Wenn man ein falsches, lügenhaftes Versprechen gibt, so ist man, wenn man nach dem von Kant postulierten Imperativ geht, damit einverstanden, dass, nach Verallgemeinerung der dahinter stehenden Maxime alle Versprechen lügenhaft sind und es daher unmöglich wäre etwas wahrhaftig zu versprechen.

Diesem Problem geht Birnbacher nach indem er feststellt welcher Maxime der „Lügner", der zum Beispiel aus großer Not heraus ein falsches Versprechen gibt, nachgeht.

Ist es wirklich diese:

„Ich nehme mir vor, in allen Situationen, in denen ich etwas verspreche, lugenhafte Versprechen abzugeben."[2]

---

[1] Kant, Immanuel (1983): Grundlegung zur Metaphysik der Sitten. In: Werke in zehn Bänden, Band 6, Sonderausgabe. Herausgegeben von Wilhelm Weischedel. Darmstadt: Wissenschaftl. Buchgesellsch. S. 28

[2] Birnbacher, Dieter. Analytische Einführung in die Ethik. DeGruyter Studienbuch. S. 147

Oder dreht es sich vielmehr um eine, laut Birnbacher realistischere Form der Maxime, nämlich:

„Ich nehme mir vor, in allen Situationen, in denen ich in Not bin, lügenhafte Versprechen abzugeben, wenn dies dazu dienen kann, mich aus der Notlage zu befreien." [3]

Aus der ersten dieser beiden angenommenen Maxime folgt sicherlich, dass die Institution des Versprechens in sich zusammenbrechen würde, doch geht man nach der zweiten Möglichkeit sieht man, dass nur dann die Versprechen lügenhaft sind, wenn man sich wirklich in einer Notsituation befindet und durch ein falsches Versprechen aus dieser misslichen Lage entkommen kann.

Birnbacher führt folgendes als weiteren Kritikpunkt an:

„Die hypothetische Verallgemeinerung führt lediglich zu dem Resultat, dass niemand mehr einem Versprechen glaubt. Sie führt nicht zu dem Resultat, dass niemand mehr Versprechen gibt." [4]

Ebenso wäre es für denjenigen der die falsche Versprechung macht, nicht wünschenswert, dass keinem Versprechen je wieder geglaubt werden würde, denn dann würde man seinen, zwar sowieso falschen Versprechen auch nicht mehr glauben, was ihn dazu führt das es keinen Sinn mehr hat falsche Versprechen zu geben, versucht er doch vermutlich durch das lügenhafte Versprechen in irgendeiner Art einen Vorteil für sich zu schaffen. Dass dies nicht nur eine hypothetische Vorstellung ist, sondern denkbar wird man nicht bestreiten. Es ist nicht undenkbar, dass es eine Gesellschaft gibt, in der die Institution des Versprechens gänzlich unbekannt ist. [5] Daher würde dies keiner vollkommenen Pflicht widersprechen. Eine vollkommene Pflicht verletzt eine Maxime, welche nicht gedacht werden kann, ohne in sich einen Widerspruch hervorzurufen. [6] Es ist also problematisch wenn man Kants Maxime anwendet und wenn man die von Birnbacher realistischer gesehen Maxime anwendet. Bei ersterer kann es dennoch zu einer Welt kommen ohne Versprechen und in der zweiten bezieht

---

[3] Ebenda
[4] Ebenda. S. 148
[5] Vergleiche. Ebenda. S.149
[6] Vergleiche. Ebenda. S. 142

sich das lügenhafte Versprechen nur auf Notlügen, was einen Zusammensturz der kompletten Versprechens-Institution nicht impliziert.

Birnbacher fasst dies wie folgt zusammen:

„Es hat zwar etwas Absurdes, in einer Gesellschaft, in der jedes Vertrauen geschwunden ist, etwas lügenhaft versprechen zu wollen. Aber diese Absurdität wäre keine *logische* Absurdität [...]" [7]

Eine Schwierigkeit bei Birnbachers Argumentation ist, dass er sich nicht nur auf Kants geschriebenes Wort stützt. Er schreibt selbst: „Von einer Verallgemeinerung auch über Situationen ist jedoch in den Formulierungen des Kategorischen Imperativs nicht ausdrücklich die Rede." [8] Er versucht seinen Standpunkt mit dem Beispiel der Naturgesetzmäßigkeit des Imperativs zu belegen, führt dazu jedoch keine Belege aus Kants Werken oder eigene Beispiele an. [9] Kant versucht mit dem Kategorischen Imperativ gerade eine Moralrichtlinie aufzustellen, die unabhängig und allgemein anwendbar ist, dies dann aber deswegen als fälschlich oder fehlerhaft dahinzustellen läuft der Grundintention dieser Richtlinie zuwider.

Versprechen absichtlich falsch zu geben ist also nicht unbedingt konträr zu Kants Formulierung des kategorischen Imperativs, geht es doch vielmehr um die Maxime, die man wählt, wobei es dadurch schwierig wird den kategorischen Imperativ in seiner, von Kant gedachten Form anzuwenden, wenn man immer wieder solange an den Maximen dreht, bis sie für die momentane Situation passen. Doch damit ist der Sinn von ihm fraglich, wozu sollte eine moralische Richtlinie gut sein, wenn man solange an ihr herumdoktern kann, bis sie auf die momentane Situation anwendbar ist. Dann kann man auch einfach ohne eine Maxime anzuwenden handeln, spart man doch Zeit um sich vorher eine Maxime zu bauen die das Tun rechtfertigt.

---

[7] Birnbacher, Dieter. Analytische Einführung in die Ethik. DeGruyter Studienbuch. S. 151
[8] Ebenda. S. 148
[9] Vergleiche. Ebenda.